DEIN FREUND UND HELFER

J. KOX • CAUVIN

Reiner·Feest·Verlag

1. Auflage 1989
(c) Reiner-Feest-Verlag
    Seckenheimer Str. 78, 6800 Mannheim 1
    L'agent 212/Au nom de la loi
(c) 1988 by Kox-Cauvin/Editions Dupuis, Belgien
    Übersetzung: Georg F. W. Tempel
    Lettering: Ulf Witt
    Redaktion: Georg F. W. Tempel
    Alle deutschen Rechte vorbehalten
    ISBN 3-89343-675-8

Crash...

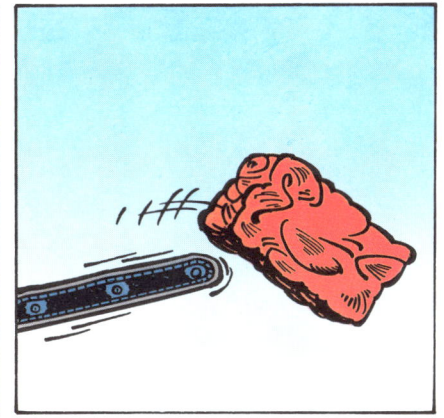

Der Dreh mit der Wasserpfütze

Nachtwache

Der Gerichtsvollzieher

Der Aushilfsweihnachtsmann

Polizeigewalt

Kraaak...

Die Frau Gemahlin

Bei Gericht

Der Knochenmann

Mülltonnen-Party

ACH NEIN? DAS WERDEN WIR JA SEHEN!
HICK!
BLEBLEBLE BLEBLE...
HIPS!
BOM
BOM
BOM
BOM
PHHH PHHH PHHH
HIPS!
OK! SIE HALTEN SICH FÜR BESONDERS SCHLAU, WAS!? NA, WARTE ...
BÖRPS
HICK!
DAUERT NUR EINE MINUTE...
HALLO? HIER WACHTMEISTER 212! ICH BRAUCHE HILFE, CHEF! WÜRDEN SIE MIR EIN PAAR MÄNNER SCHICKEN ?!
DANKE, CHEF!
NEIN... EIN BESOFFENER, DER MICH VERARSCHEN WILL... NEIN, NEIN... ICH RÜHRE MICH NICHT VOM FLECK!
HIPS!
SO! BLEIBT MIR NUR NOCH ZU WARTEN! WER ZULETZT LACHT, LACHT AM BESTEN!!
HÄHÄ... DA KOMMT FREUDE AUF!

GROOIIING
BLANG
BING
BLANG
?
NEIIIIN! STOP! ANHALTEN!
?
SCHNELL!! RAAH! WO IST ER?! WAS HABEN SIE MIT DEM INHALT DIESER TONNE GEMACHT?
TJA, DA REIN GE-LEERT!!
?
RAAAH! SCHRECKLICH!!
LEEREN SIE DEN WAGEN...!
SOFORT ALLES RAUS!
WAS, HIER?
JA, HIER! GENAU HIER!!
SCHÖN RUHIG BLEI-BEN! NICHT AUFREGEN!
WAS WILL DER SCHAFFNER DA?! DER HAT DOCH SEINE PFEIFE VERSCHLUCKT!!
FRAG NICHT! MACH SCHON...
HA! MEIN GOTT! ENDLICH!
BROOOMBLOM
3

WO SIND SIE?! HALLO... SO ANTWORTEN SIE DOCH!!
TATÜ TATA
ABER... ABER WAS GEHT HIER VOR?
DAS WÜRDEN WIR AUCH GERN WISSEN...
ABER WAS SUCHT ER DENN DA DRIN?
HA! SIE!
WAS BUDDELN SIE HIER HERUM ?!!
AH, CHEF! ES IST FURCHTBAR! ER STECKT DA DRIN! ICH BIN MIR GANZ SICHER!
WER?
DER ... DER TYP IN DER MÜLLTONNE ... ER MUSS DA DRIN SEIN!
IN DER WAS!?
MÜLLTONNE!
AH!?
IHR ANDEREN, HELFT IHM!
EINE STUNDE SPÄTER...
WENN SIE SICH ÜBER MICH LUSTIG MACHEN, KOMMT SIE DAS TEUER ZU STEHEN...
WENN ICH DAS DEN KOLLEGEN ERZÄHLE, GLAUBEN DIE MIR DAS NIE...
WAS SUCHEN DIE EIGENTLICH?
EINEN TYPEN, DER IN EINER MÜLLTONNE WAR!
UND!?
NICHTS, CHEF! UND SELBST WENN ER ZERBRÖSELT WÄRE, MÜSSTE MAN ZUMINDEST SEINE TRETER FINDEN...
GENAU!
IN ZEHN MINUTEN HABEN SIE DAS ALLES WIEDER IN ORDNUNG GEBRACHT! DANN ERWARTE ICH SIE IN MEINEM BÜRO! ICH BIN SICHER, DASS SIE FÜR DAS HIER EINE MENGE ERKLÄRUNGEN HABEN!
ABER, CHEF, ICH SCHWÖRE...
4

DU, PAPA! WARUM RIECHT DER WACHTMEISTER SO KOMISCH?
SCHHT
WENN ICH DEN SAUFBOLD WIEDERTREFFE, KRIEGT DER VON MIR 'NE DRÖHNUNG...
AH! DU BIST ES! DER CHEF ERWARTET DICH!
ICH WEISS...
EI EI EI
YAHOUOUUUUU
HIPS!
SIEH MAL AN! WAS MACHT DER DENN HIER?
DER? DEN HAT BERTRAM MITGEBRACHT! VOLL BIS ZUR HALSKRAUSE! KANN SICH NICHT MEHR ERINNERN, WO ER HERKOMMT ODER WOHNT...
NEEEIN!? ICH WEISS, WO ER WOHNT! ICH WERDE IHN HINBRINGEN...
DAS IST NETT VON DIR, ABER... DER CHEF...!?
HIPS!
DER CHEF KANN GUT NOCH ETWAS WARTEN!
WIE DU MEINST...
VLAM
HIPS!
HÄHÄHÄ... DAS SIND DIE KLEINEN FREUDEN, DIE DAS LEBEN ETWAS ANGENEHMER MACHEN!
SC. CAUVIN-D. KOX
5 N°66

Es lebe der Urlaub!

DIE KOLLEGEN WÜRDEN DAS SICHER VERSTEHEN...
VIELLEICHT, ABER HIER GIBT ES KEINE KOLLEGEN, NUR SOMMERGÄSTE... OH, SIEH DOCH...
?
WAS IST DENN LOS?
SIE SIND WOHL NEU HIER! DER MILCHMANN KOMMT!
DA! DA! DORT IST ER!
ABER WER DENN?
TUUUT TUUUT
DER MILCHMANN!
SCHAAATZ! HEEE!
MILCH
TRIIIIIIIT
TRIIIIIIIT
TRIIIT
?!
TRIIIT
TRIIIIIT
IIIIIII
DAMIT IHR'S NUR WISST, LEUTE! AB NÄCHSTER WOCHE KÖNNT IHR EURE MILCH SELBST MELKEN! ICH BRING' EINE ODER ZWEI KÜHE VORBEI! DIE FÜHLEN SICH HIER BEI EUCH SICHER HEIMISCH!!!
BELEIDIGUNG EINES BEAMTEN IN ERFÜLLUNG SEINER PFLICHT IGNAGNA...
HE, NICHT DRÄNGELN!
DIE REIFEN SIND VIELLEICHT ABGEFAHREN...
DU MUSST UNS ENTSCHULDIGEN, LIEBES! ES IST STÄRKER ALS WIR!
SC: CAUVIN J. KOX 79
65B

Operation „Taschendieb"

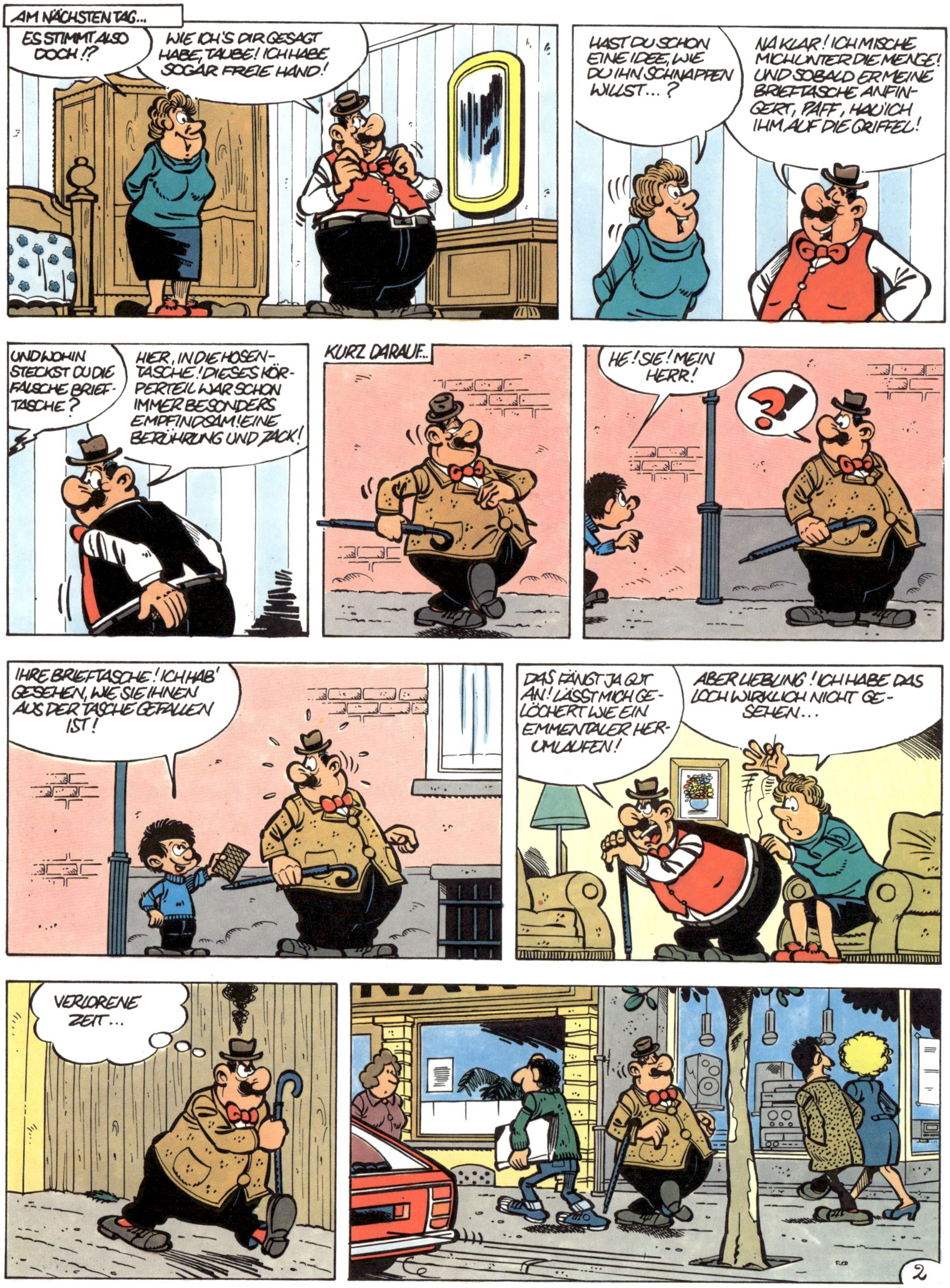
AM NÄCHSTEN TAG...
ES STIMMT ALSO DOCH !?
WIE ICH'S DIR GESAGT HABE, TAUBE! ICH HABE SOGAR FREIE HAND!
HAST DU SCHON EINE IDEE, WIE DU IHN SCHNAPPEN WILLST... ?
NA KLAR! ICH MISCHE MICH UNTER DIE MENGE! UND SOBALD ER MEINE BRIEFTASCHE ANFINGERT, PAFF, HAU'ICH IHM AUF DIE GRIFFEL!
UND WOHIN STECKST DU DIE FALSCHE BRIEFTASCHE?
HIER, IN DIE HOSENTASCHE! DIESES KÖRPERTEIL WAR SCHON IMMER BESONDERS EMPFINDSAM! EINE BERÜHRUNG UND ZACK!
KURZ DARAUF...
HE! SIE! MEIN HERR!
?!
IHRE BRIEFTASCHE! ICH HAB' GESEHEN, WIE SIE IHNEN AUS DER TASCHE GEFALLEN IST!
DAS FÄNGT JA GUT AN! LÄSST MICH GELÖCHERT WIE EIN EMMENTALER HERUMLAUFEN!
ABER LIEBLING! ICH HABE DAS LOCH WIRKLICH NICHT GESEHEN...
VERLORENE ZEIT...
2

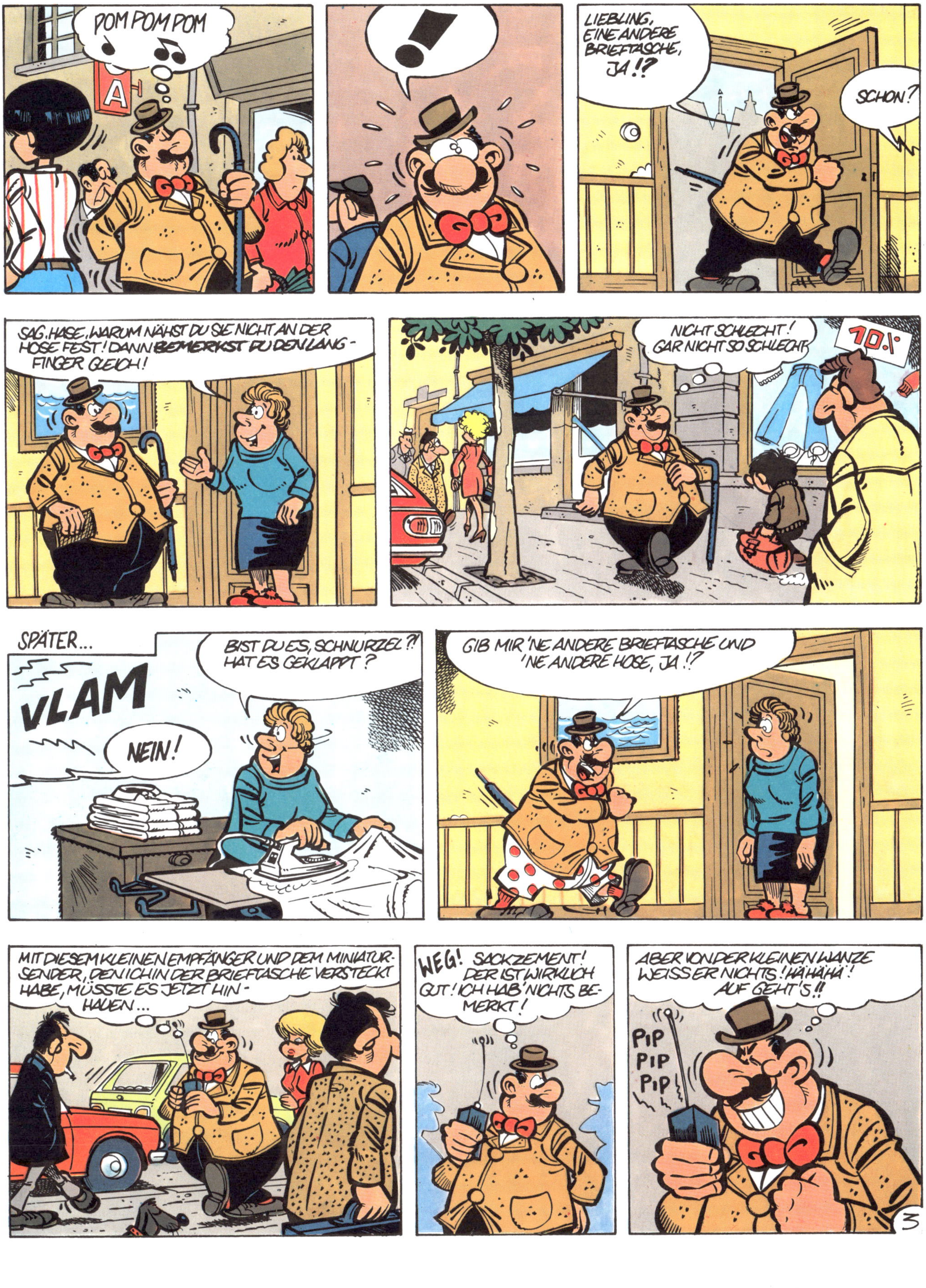

POM POM POM
!
LIEBLING, EINE ANDERE BRIEFTASCHE, JA!?
SCHON?
SAG, HASE, WARUM NÄHST DU SIE NICHT AN DER HOSE FEST! DANN BEMERKST DU DEN LANG-FINGER GLEICH!
NICHT SCHLECHT! GAR NICHT SO SCHLECHT!
10%
SPÄTER...
VLAM
NEIN!
BIST DU ES, SCHNURZEL?! HAT ES GEKLAPPT?
GIB MIR 'NE ANDERE BRIEFTASCHE UND 'NE ANDERE HOSE, JA!?
MIT DIESEM KLEINEN EMPFÄNGER UND DEM MINIATUR-SENDER, DEN ICH IN DER BRIEFTASCHE VERSTECKT HABE, MÜSSTE ES JETZT HIN-HAUEN...
WEG!
SACKZEMENT! DER IST WIRKLICH GUT! ICH HAB' NICHTS BE-MERKT!
ABER VON DER KLEINEN WANZE WEISS ER NICHTS! HÄHÄHÄ! AUF GEHT'S!!
PIP PIP PIP
3

(Panel 1)	PIP PIP PIP
SEUFZ! PIP PIP	VERSTEHST DU, SCHATZ? ER SCHNAPPT SIE SICH, ÖFFNET SIE UND LÖST DAMIT DEN MECHANISMUS AUS, DER IHM DIE UNAUSLÖSCHLICHE FARBE INS GESICHT SPRITZT... BIST DU SICHER? SO SICHER, DASS ICH MEINE EIGENE BRIEFTASCHE BENUTZE!
DANN BRAUCHE ICH NUR NOCH NACH EINEM KERL ZU SUCHEN, DESSEN GESICHT UND HÄNDE GRÜN SIND. UND PAFF VERPASSE ICH IHM STAHLMANSCHETTEN! GROSSARTIG!	DIESMAL KLAPPT ES GANZ SICHER! ER
KURZ DARAUF... HAAA! ENDLICH! DER FISCH HAT ANGEBISSEN!	JETZT BRAUCHE ICH NUR NOCH DAS KLEINE GRÜNE MÄNNCHEN ZU SUCHEN... HEHEHE, ICH BIN GENIAL!

HALLO, PARTNER! DER BOSS LÄSST DIR AUSRICHTEN, DASS DU DEINE RECHERCHEN EINSTELLEN KANNST, WIR HABEN DEN KLAUOLOGEN ENDLICH!
IN FLAGRANTI! DA KOMMT GANZ SCHÖN WAS ZUSAMMEN!
WIR HABEN BEI IHM ZU HAUSE ETWAS 'RUMGESCHNÜFFELT UND EINEN SACK VOLL BRIEFTASCHEN GEFUNDEN...
DIE IHREN EIGENTÜMERN ZURÜCKZUGEBEN, WIRD 'NE MENGE ARBEIT MACHEN... WIR TREFFEN UNS AUF DEM KOMMISSARIAT, DU WIRST BESTIMMT GEBRAUCHT...
SO EIN PECH! ICH WAR SO KURZ DAVOR, DEN KERL ZU ERWISCHEN!
SPÄTER...
KAREL GOTT!
CARLOS SANTA!
DIEGO MARADO!
OFFENSICHTLICH HAT ER TOURISTEN BEVORZUGT!
UND DIE HIER...
ÖH... ÄHEM... ICH... ICH GLAUBE, DIE GEHÖRT MIR!
HAHAHA! IHRE BRIEFTASCHE HAT ER AUCH MITGEHEN LASSEN! GUT DER MANN, WAS?!
NAJA...
SEHEN WIR MAL NACH, OB AUCH NICHTS FEHLT!
NEIN! NEEEIN! NICHT ÖFFNEN!
PUFFF
MACH NICHT SO EIN GESICHT, HASE...! IN SPÄTESTENS DREI WOCHEN IST DIE FARBE VERSCHWUNDEN...
OH, DAS BEUNRUHIGT MICH WENIGER! ABER DIE REAKTION DES KOMMISSARS! ICH BIN SICHER, DASS IHM DIE FARBE ÜBERHAUPT NICHT GEFÄLLT!!
5 N°86
SC: CAUVIN J. KOX80

DIE COMIC-SELLER VOM FEEST-VERLAG:
AUF DER SPUR DES GROSSEN ABENTEUERS

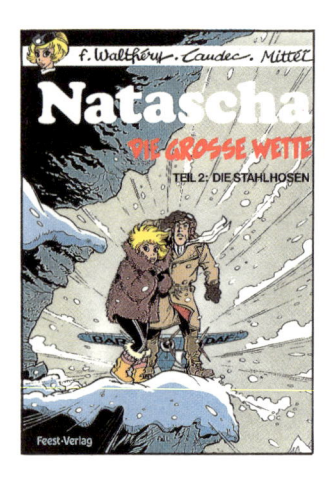

Natascha – blond, große schwarze Augen – ist Stewardess bei der Fluglinie B.A.R.D.A.F. Ihr Beruf führt sie in alle Winkel der Erde, und dementsprechend exotisch und gefährlich sind die Abenteuer, die Natascha zusammen mit dem schusseligen Walter erlebt.
Ein Semi-Funny der Spitzenklasse!

Walthéry:
Natascha
Bd. 11 „Die große Wette"
Bd. 12 „Die Stahlhosen"
Je 48 Seiten, farbig, Softcover, **DM 12.80**

Mic Mac Adam – Sherlock Holmes' schottischer Nachfahre – löst im nebelverhangenen London und den morastigen Sümpfen des Hochlandes mysteriöse und gefährliche Verbrechen...

Englische Krimitradition gepaart mit dem spritzigen Humor der neuen franco-belgischen Zeichnergeneration!

Benn/Desberg:
Mic Mac Adam
Bd. 1 „Der Tyrann von Midnight Cross"
Bd. 2 „Gesammelte Morde"
Je 48 Seiten, farbig, Softcover, DM 12,80

Wachtmeister 212 ist ein unermüdlicher und unbestechlicher Hüter von Recht und Ordnung – der Schwarzenegger der Trillerpfeife! Mit der ihm eigenen Cholerik und permanentem Übereifer zwingt er Freund und Feind in die Knie. Ob besoffene Autofahrer, der chronische Selbstmordkandidat oder die Taubstummenvereinigung, die Auftritte des guten Wachtmeisters gehen so ziemlich alle in die Hose und mit seltener Treffsicherheit läßt er kein Fettnäpfchen aus.

Kox/Cauvin:
Dein Freund und Helfer
Bd. 1 „Immer im Dienst"
48 Seiten, farbig, Softcover
DM 12.80

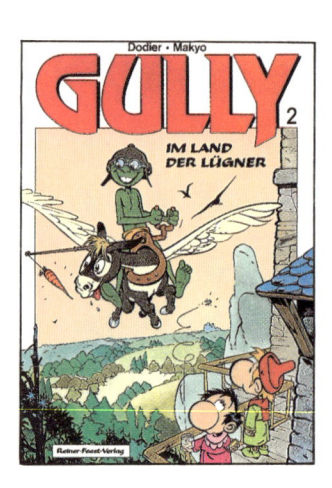

Iridor und Orifor – zwei verfeindete Länder, die doch soviel gemeinsam haben: gute Laune und Frohsinn sind dort eine Lebenseinstellung. Aber alle 100 Jahre wird ein Melancholiker geboren, der den Leuten das Leben ziemlich versauern kann. Und tun sich die Melancholiker beider Länder zusammen, kann's eigentlich nicht mehr ärger werden.
Eine poetische, heitere Serie für alle Jungen und noch Junggebliebenen.

Dodier/Makyo: Gully
Bd. 1 „Gullys Abenteuer"
Bd. 2 „Im Lande der Lügner"
Jeweils 48 Seiten, farbig, Softcover, **DM 12.80**

Bob Morane – Zeitagent und Spezialist für besondere Fälle – hat es als Trouble-Shooter nicht immer einfach. Immer wieder bedrohen kriminelle Elemente die Sicherheit der Erde. Mit seinem Freund und Kollegen Bill Ballantine bekämpft Bob Morane den Schrecken der Vernichtung und Unterjochung...
Ein franco-belgischer Abenteuer-Klassiker!

Vance/Vernes: Bob Morane
Bd. 1 „Operation ‚Schwarzer Ritter'"
Bd. 11 „Die Giganten von Mu"
Bd. 12 „Notlandung in Serado"
Je 48 Seiten, farbig, Softcover, DM 12.80

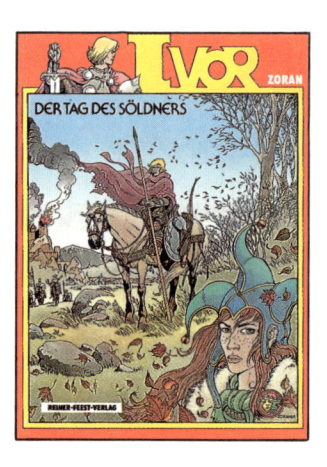

Einst lebte in jener alten und dunklen Zeit, in der allein List und Stärke eines Mannes das Gesetz ausmachten, ein Söldner, dessen endlosen Irrwege einzig vom Schicksal seines Schwertes bestimmt wurden. Sein Name war **Ivor** und wurde bald von allen gefürchtet.

Zoran:
Ivor
Bd. 1 „Der Tag des Söldners"
48 Seiten, farbig, Softcover, DM 12.80

Während des 100-jährigen Krieges beginnt eine seltsame Freundschaft zwischen dem jungen Architekten und Bildhauer **Jhen Roque** und dem geheimnisvollen Edelmann **Gilles de Rais.** Verbindendes Element ist der Freiheitskampf gegen die britischen Eindringlinge.

Martin/Pleyers:
Jhen
Bd. 1 „Tödliches Gold"
Bd. 2 „Johanna von Frankreich"
Bd. 3 „Die Schinder"
Jeweils 48 Seiten, farbig, Softcover, **DM 12.80**

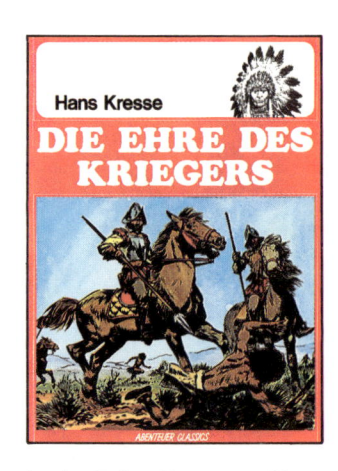

In der Reihe **Abenteuer-Classics** werden ältere Bände verschiedener Serien veröffentlicht oder speziellen Sammlerwünschen entsprochen. Bei den ersten beiden Bänden handelt es sich um das bislang in Deutschland unveröffentlichte letzte Album der Reihe „Die Indianer" sowie um das 1948/49 entstandene erste **Alix**-Abenteuer.

Abenteuer-Classics:
Je 48–64 Seiten, farbig, Softcover, **14.80**

Bd. 1 Die Indianer: „Die Ehre des Kriegers"
Hans G. Kresse

Bd. 2 Alix: „Alix der Kühne"
Jacques Martin